Bäume und Sträucher

Mal- und Zeichentechniken

Karl-Heinz Morscheck

Bäume und Sträucher

Mal- und Zeichentechniken

ENGLISCH VERLAG

Die Deutsche Bibliothek – CIP-Einheitsaufnahme
Bäume und Sträucher: Mal- und Zeichentechniken / Karl-Heinz Morscheck. – Wiesbaden: Englisch, 1998
ISBN 3-8241-0905-0

ISBN 3-8241-0905-0

Titelbild: Karl-Heinz Morscheck
Printed in Spain

Inhaltsverzeichnis

Vorwort

Ein Buch über Bäume und Sträucher im Lauf der Jahreszeiten zu machen, war eine reizvolle Sache. Dabei ergab sich aber schon bald ein Problem. Aus der ganzen Fülle, die die Natur dem aufmerksamen Blick enthüllt, musste etwas ausgesucht werden, was einen geeigneten Querschnitt ergab. Aus den zahlreichen Möglichkeiten, die viele Bücher füllen würden, habe ich mich für Motive aus dem Bereich der einheimischen Vegetation entschieden, also solche Bäume und Sträucher, die man fast tagtäglich sehen kann. Wieviele Formen und Schönheiten sind darin verborgen! So ergab sich auch während der Entstehung dieses Buches die Absicht, darauf aufmerksam zu machen. Es gibt kaum eine intensivere Methode, die Natur kennenzulernen, als durch Malen oder Zeichnen. Hier muss wirklich genau hingesehen werden, um Eigenheiten und Wesentliches zu erfassen. Auf eine „botanische“ Wiedergabe einzelner Gewächse wurde verzichtet, die jeweiligen Beispiele folgen mehr einem künstlerischen Aspekt und zeigen deshalb auch verschiedene Möglichkeiten des Herangehens und der Darstellung bis hin zur Abstraktion.

Das Buch soll eine Anregung sein, genauer hinzusehen und sich mit der Vielfalt der Natur auseinander zu setzen. Stift und Farbe sind hervorragende Mittel, einen Teil der Welt zu erfahren und das Leben, in welcher Form auch immer, als Wunder zu begreifen. Etwas Mut gehört dazu, eine gesunde Neugier und natürlich Zeit, vor allem aber ein aufmerksamer Blick.

Karl-Heinz Morscheck

Bäume und Sträucher

Bäume und Sträucher haben ein jeweils spezifisches Aussehen. Gattungen und Arten zeigen ihre diversen Merkmale und lassen sich gewöhnlich gut voneinander unterscheiden. Innerhalb dieser Gruppierungen gibt es jedoch noch reichlich individuelle Unterschiede. Die äußeren Einflüsse wie Standort, Licht-, Wasser und Wetterverhältnisse spielen eine prägende Rolle. So kann sich eine Kiefer unter günstigen Bedingungen zu einem prachtvoll und harmonisch geformten Baum entfalten. Unter den härteren Bedingungen der Meeresküsten oder Gebirge verwächst sie dagegen manchmal zu einem skurrilen Gebilde, das alle Härten des Daseins ausdrückt. Für die Malerei oder das Zeichnen sind oft diese Gebilde von einem besonderen Reiz. Was aber macht einen Baum aus und was einen Strauch?

Ein Baum ist meist sofort als solcher zu erkennen, bestimmt dann, wenn er ausgewachsen ist. Er ist meist ziemlich hoch und nach einer gewissen Höhe des Stammes beginnen Verästelungen und Verzweigungen. Genau dies unterscheidet ihn vom Strauch, dessen Verästelung bereits am Grunde beginnt.

Die Abbildung (S.9), ein monochromes Aquarell in Umbra, zeigt einen Baum mit seinen wesentlichen äußeren Merkmalen. Der Stamm ist kräftig, hier recht ungerade gewachsen, die Äste sind im stammnahen Bereich noch eindrucksvoll, verästeln sich dann weiter, um sich schließlich in einem Gewirr von kleinen und kleinsten Zweigen zu verlieren. Das Ganze hat oft einen beträchtlichen Umfang. Die Schwierigkeit in der Darstellung besteht darin, dieses eindrucksvolle Gebilde als einen räumlichen Körper darzustellen. Es gibt ein Davor und Dahinter, ein Oben und Unten, das auch gezeigt sein will.

In der Abbildung ist das, was sich hinter dem Stamm ausdehnt, etwas schwächer im Farbton als das, was nach vorne herauswächst. Diese „atmosphärische Perspektive" und das Mittel der Überschneidung der einzelnen Elemente lassen den Baum als Raumgebilde erscheinen.

Auch Sträucher sind meist gleich kenntlich. Sie verzweigen sich vom Grund auf und sind gewöhnlich viel niedriger als Bäume. Dabei gibt es jedoch Mischformen. So kann Holunder sowohl als Baum als auch als Strauch wachsen, ebenso der Weißdorn. Es gibt Zwerg- und Spaliersträucher oder Klettersträucher wie das Geißblatt.

Die Abbildung links zeigt einen typischen Strauchwuchs, der mit Pinsel und Tusche gezeichnet ist. Für die Darstellung von Sträuchern gilt dasselbe wie für Bäume: Mit Hilfe von Überschneidungen lassen sie sich räumlich darstellen.

Mal- und Zeichentechniken

Wasservermalbare Farben: Aquarell und Acryl

Mit Aquarellfarben lassen sich gleichermaßen zarte und subtile sowie kräftige Wirkungen erzielen. Außer bei freien Arbeiten empfiehlt sich bei Darstellungen von Vegetation eine ausreichende Vorzeichnung, die die wichtigsten Dinge festlegt. Beim Malen sollte man behutsam beginnen und erst nach und nach die Intensität der Farben steigern. Die hellen Farbtöne und der Vordergrund des Bildes stehen dabei am Anfang, so lassen sich ärgerliche Korrekturen vermeiden. Für alle wasservermalbaren Farben gilt: von Hell nach Dunkel, vom Vordergrund zum Hintergrund. Lichtpunkte und Flächen, die weiß sein sollen, werden ganz ausgespart.

Acrylfarben erlauben einen pastoseren Farbauftrag und decken deshalb besser. Sie erweitern die Möglichkeiten der Wasserfarbmalerei.

Malen mit Ölfarben

Mit Ölfarben lässt sich auf vielerlei Arten malen, von aquarellhaft und lasierend bis hin zu einem pastosen und reliefartigen Farbauftrag. Da die Farbflächen immer wieder neu übermalt werden können, hat man hier gute Korrekturmöglichkeiten. Bei Ölfarben ist es nicht so entscheidend, ob man von hinten nach vorne herangeht oder umgekehrt. Bei der Darstellung von Vegetation jedoch sollte man mit einem dünneren Farbauftrag im Hintergrund beginnen und von schwachen Farben zu intensiveren arbeiten. Helle Stellen sollten von vornherein dargestellt werden und erhalten bleiben, jedoch können, im Gegensatz zum Aquarell, Lichter mit Weiß zuletzt gesetzt werden.

Pastellfarben

Das Pastell vereinigt zeichnerische und malerische Möglichkeiten, wobei sowohl zarte als auch kräftige Aussagen möglich sind. Durch ein leich-

tes Verwischen oder Verreiben der Farbpigmente, die wie ein leichter Farbstaub auf dem Papier liegen, lassen sich gerade malerische Effekte erreichen.
Das Arbeiten von Hell nach Dunkel erleichtert das Malen bzw. Zeichnen und führt zu besseren Ergebnissen als bei einer umgekehrten Vorgehensweise. Jedoch ist dies nicht so zwingend wie beim Aquarell. Pastellfarben lassen sich gut in mehreren Schichten übereinander auftragen und decken sehr gut. Dabei können etliche Zwischenfixierungen nötig werden, damit die Pigmente auf dem Papier haften.
Pastellfarben eignen sich hervorragend sowohl für die Gesamtdarstellung von Bäumen und Sträuchern als auch für Detailzeichnungen von Blättern und Astwork.

Rötel und Sepia

Rötel- und Sepiastifte haben einen sehr warmen Farbton und eignen sich für „leichtere Darstellungen“, wobei der zeichnerische Charakter im Vordergrund steht. Malerische Effekte lassen sich bedingt auch hier durch Verreiben der Farbpigmente mit dem Finger erreichen. Mit Knetgummi, einem sehr aufnahmefähigen Radiergummi, lassen sich nachträglich hellere Farbflächen und Lichter ausradieren, die Korrekturmöglichkeiten sind jedoch bei den fetteren Rötelvarianten begrenzt.

Schwarze Kreiden und Zeichenkohle

Mit schwarzer Kreide lässt sich sehr großzügig und kräftig arbeiten, wobei Intensität und Tiefenwirkung leicht zu erreichen sind. Die Korrekturmöglichkeiten sind allerdings begrenzt. Ausreichende Sicherheit über das Motiv sind deshalb sehr hilfreich, eventuell können einige vorherige Skizzen hierbei helfen. Gerade Rinde und Wurzelwerk können mit Kreide hervorragend ausgearbeitet werden.
Zeichenkohle gibt es in sehr weicher aber auch recht harter Ausführung. Mit der härteren Kohle lassen sich bessere Konturen zeichnen und man erhält eine größere Tiefenwirkung. Die weichere Kohle lässt sich, wie auch die Pastellkreide, mit dem Finger verreiben, sodass zarte Übergänge und malerische Effekte erzielt werden können.

Buntstifte

Buntstifte sind zur Darstellung von Pflanzen, insbesondere von Bäumen und Sträuchern, bestens geeignet. Man kann exakt, aber auch sehr großzügig mit ihnen malen. Wie beim Aquarell sollte von Hell nach Dunkel vorgegangen werden. Die Korrekturmöglichkeiten mit diesen Farben sind eher begrenzt.

Mischtechniken

Es ist sehr reizvoll, unterschiedliche Materialien in einer Darstellung zu verwenden, so beispielsweise Pastellkreiden und Aquarell oder Zeichenkohle und schwarze Kreide. Dabei kann man frei experimentieren und erhält erstaunliche Wirkungen.

Die Untergründe

Es müssen nicht immer weiße Untergründe verwendet werden, oft kann ein getöntes Zeichenpapier die Wirkung der eingesetzten Mittel verstärken, z. B. Farben dämpfen oder einen starken farblichen Kontrast zu dem gezeichneten Objekt bilden.
Gerade Pflanzendarstellungen gelingen auf einem farbigen Untergrund besonders gut.

Das Gesicht des Frühlings

Im Birkenwäldchen

Öl auf Leinwand

Zum traditionellen Schmuck vieler Maifeiern gehören Birkenzweige mit ihrem frischen Grün. Die Blätter sind sehr hell mit einem feinen, beinahe gelblichen Ton.

Vorbereitung

Für ein Frühjahrsbild sind frisch begrünte Birken bestens geeignet. Bildmaterial und Eindrücke lassen sich auf Spaziergängen sammeln. Die endgültige Komposition für dieses Bild entstand in einigen Skizzen und zeigt eine aufgelockerte Szenerie, eine kleine Gruppe von Birken mit Durchblick auf die nähere Umgebung. Gemalt wird von Hell nach Dunkel, Kontraste und starke Lichter werden erst später gemalt. Im Vordergrund des Bildes finden sich die dunkleren Töne, die zum Hintergrund hin blasser werden, sodass eine Bildtiefe erreicht wird.

Ausführung

Die Bildelemente werden mit einer bescheidenen Vorzeichnung auf der Leinwand festgelegt. Zuerst werden der Hintergrund und die landschaftlichen Formen des Mittel- und Vordergrundes in einer leichten Tönung mit Ocker, Umbra und Terra di Siena angelegt. Anschließend werden die Grüntöne aufgesetzt. Die Ölfarben werden hierbei sehr dünn, fast lasierend aufgetragen. Dasselbe gilt auch für den Himmel, der hier mit Kobalt- und Cölinblau angelegt wird. Nachdem die Flächen getrocknet sind, werden die weißen Stämme der Birken darüber gemalt. Die ersten Andeutungen von Laubwerk werden zwischen die Stämme getupft.

Anschließend wird das Laub mit unterschiedlichen Grüntönen weiter ausgearbeitet. Mit Brillantgelb, Kadmiumgelb und Titanweiß lassen sich Lichter und Helligkeiten setzen, die Schattenpartien werden nur geringfügig dunkler angelegt, sodass ein insgesamt lichter und leichter Eindruck entsteht. Zur Ausarbeitung des Hintergrundes werden die bereits vorgegebenen Farbtöne verstärkt. Im

Mittel- und Vordergrund werden stärkere Kontraste angelegt, sehr dunkle Stellen im Bereich der Baumstämme, helle dagegen weiter außerhalb. Verwendet werden Grüntöne, Umbra, Vandyckbraun, Brillantgelb und Ocker. Zuletzt werden die Birkenstämme gemalt, wobei das Weiß stellenweise noch verstärkt oder schattiert wird.

Die typische Sprenkelung mit dunklen Borkenstellen sollte nur angedeutet und eher großzügig behandelt werden. Das gilt auch für die fast schwarzen „Füße" der Stämme. Das Astwerk wird nur angedeutet, was für die Absicht dieses Bildes völlig ausreicht.

Blühender Kirschbaum

Öl auf Leinwand

Der Mai ist der Monat der Kirschblüte. Neben der sehr bescheiden blühenden Birke ist die Kirsche mit ihrer weißen Blütenpracht ein eigentlicher Frühjahrsbaum. Wohl kaum ein anderer Baum wurde so oft bildnerisch dargestellt wie die blühende Kirsche.
Neben Van Gogh haben sich viele bekannte Künstler an diesem Motiv versucht. In der chinesischen und in der japanisch traditionellen Zeichnung und Malerei spielen Kirschblüten geradezu eine symbolträchtige Rolle.

Vorbereitung

Ganz im Mittelpunkt sollten die Kirschblüten stehen, Vorder- und Hintergrund werden soweit wie möglich zurückgenommen und angedeutet.

Ausführung

Die Vorzeichnung wird mit wenigen Linien skizziert, sie umfasst hauptsächlich die beiden Bäume und Andeutung von Geäst. Die weißen Blüten brauchen einen kräftigen Kontrast, um möglichst gut zur Wirkung zu kommen. Für einen heiteren Eindruck sorgt ein blauer Himmel, der mit Kobalt- und Cölinblau und ein wenig Titanweiß angelegt wird. Der Baumbestand des Hintergrundes wird mit ein paar hellen Grüntönen angedeutet. Im Vordergrund wird der Verlauf der dunklen Schatten festgelegt, anschließend werden die Stämme der beiden Bäume gemalt. Umbra ist der Hauptton, für die helle Seite der Stämme wird die Farbe lasierend aufgetragen, die Schattenseite wird durch Verwendung von viel Farbe erzielt, sodass ein satter Farbton entsteht. Für die Äste genügen Linien, oft unterbrochen, um den Blüten genügend Raum zu geben. Die Blüten sind der Hauptbestandteil des Bildes. Weiße Tupfer aus Titanweiß werden über Äste und Himmel gesetzt, zum Vordergrund hin relativ große Tupfen, nach hinten hin immer kleiner werdend. Besonders an die Stellen, die lichtbeschienen sein sollen, müssen immer wieder weiße Tupfen neu aufgesetzt werden.

Die Blätter werden mit etwas Grün dazwischen nur angedeutet.

Goldregen

Aquarell und Pastell auf Karton

Im Mai und Juni leuchten in vielen Gärten und Parks die gelben Blütentrauben des Goldregens. Das Gewächs wird baum- oder strauchartig, mit ansehnlichem Umfang und einiger Höhe.
Die Blüten sind traubenförmig angeordnet und hängen recht üppig von den Zweigen herab.
Die freundlich-gelbe Ausstrahlung der Blüten täuscht über die starke Giftigkeit, gerade der Früchte, hinweg.

Vorbereitung

Bei diesem Motiv gilt es, einen ausreichend großen Abschnitt darzustellen, der etwas von der Blütenpracht wiedergibt, ohne den ganzen Strauch zeigen zu müssen, wodurch die einzelnen Blüten zu klein würden.

Ausführung

Als Aquarellmalgrund wurde ein grauer, saugfähiger Karton verwendet. Bei einem solchen Karton ist zu beachten, dass die endgültige Farbwirkung erst nach dem Trocknen der Farben zu sehen ist.

Wichtig ist, dass beim Aquarell von Hell nach Dunkel gearbeitet wird, helle Stellen können später nicht mehr gesetzt werden, da die Farbe lasierend ist. Für dieses Motiv muss keine Vorzeichnung angefertigt werden, die Stämme und ein wenig Geäst werden gleich mit Umbra aufgetragen, erst die hellere Seite mit etwas verdünnter Farbe, dann die Schattenseite. Auf dieses Geäst, das dem Bild seine Struktur gibt, werden nun die gelben Blütentrauben sehr locker aufgetupft, um den Eindruck einer kompakten Masse zu vermeiden. Ein sehr helles und ein dunkleres Gelb wechseln dabei ab, um mit dieser Licht- und Schattenwirkung einen räumlichen Eindruck zu erzielen.
Der Hintergrund des Blattwerks wird mit unterschiedlichen Grüntönen immer wieder durchgearbeitet, d.h. auf die hellen Stellen werden immer wieder dunklere Blätter und Schatten gesetzt. Auch die Blüten sind erst mit einem helleren Gelb angelegt, dann wird kräftigeres Gelb aufgesetzt. Die weiter hinten liegenden Blütentrauben sind insgesamt heller belassen, sodass die Raumwirkung erhöht wird.
Der verbleibende Hintergrund wird mit wenig Grün angedeutet, mit Umbra kann etwas Geäst hinzugefügt werden. Schließlich werden mit gelben Pastellstiften Akzente gesetzt, diese Stellen müssen jedoch sofort fixiert werden, da sonst die Farbe verwischt. Wird dann wieder mit Aquarell weitergearbeitet, erhält das Gelb der Trauben mehr Dichte.

Weißdorn in Blüte

Pastellzeichnung

Wie der Holunder kann auch der Weißdorn sowohl als Strauch als auch als kleiner Baum vorkommen. Er blüht im Mai und Juni. Die volle Blüte macht dieses Gewächs sehr ansehnlich und die einzelnen Zweige entfalten mit ihren eigenartig geformten Blättern und Blütenständen einen großen ästhetischen Charme. Auf künstlerischen Darstellungen ist Weißdorn kaum zu finden, es sei denn in botanischen Büchern oder in Büchern über Heilpflanzen.

Vorbereitung

Statt eines Ausschnitts vom Baum oder Strauch werden hier drei Zweige als Motiv gewählt. Da weiße Blüten sich von einem dunkleren Hintergrund am besten abheben, bietet sich ein dunkel getöntes Papier als Zeichengrund an.

Ausführung

Eine Vorzeichnung kann gleich mit den Pastellstiften in den jeweiligen Farben ausgeführt werden, skizziert werden mit einigen schnellen Linien der Verlauf der Zweige und die Anordnung der Blüten und Blätter. In diesem Stadium sind kleinere Korrekturen noch gut möglich. Die Blüten, bestehend aus Blütenblättern, Stempeln und Staubgefäßen werden so gezeichnet, dass der Untergrund des Papiers noch durchscheint. Der so entstandenen Schattenwirkung werden weiße Lichter entgegengesetzt.

Die runden Knospen der Weißdornblüten werden als auflockernde Akzente gesetzt. Die Blätter des Weißdorn weisen eine besondere Form auf. Mit hellen und dunklen Grüntönen werden Licht- und Schattenwirkung erreicht.

Der Zeichenvorgang erfordert einige Zwischenfixierungen, besonders im Blütenbereich.

Hier sollte das Weiß häufig überzeichnet werden, um die gewünschte leuchtende Wirkung zu erzielen.

Rhododendron

Aquarell

Rhododendren entfalten im zeitigen Frühjahr in Gärten und Parks eine wahre Blütenpracht, die einem schon von weitem entgegenleuchtet. Es gibt unglaublich viele Sorten davon, in den verschiedensten farbigen Variationen. Rhododendren können recht mächtig werden und behalten ihr Laub im Winter. Bei starkem Frost rollen sich die einzelnen Blätter fast zusammen und schützen sich so.

Vorbereitung

Bei diesem Motiv ist es wichtig, dass die üppige Fülle der Frühjahrsblüte auf dem Bild erscheint, die Detailgenauigkeit ist dabei weniger wichtig.

Ausführung

Als Malgrund dient ein starkes, aber wenig gerautes Papier mit weißem Grundton. Eine Vorzeichnung ist nicht nötig, es werden hellrote Aquarelltupfen gesetzt, die im Zentrum verdichtet werden und sich zu den Seiten hin vereinzeln. Anschließend werden verschiedene Violetttöne hinzugefügt. Diese Farbflächen werden durch häufiges Übermalen intensiver, wobei immer darauf zu achten ist, dass von Hell nach Dunkel gearbeitet wird, d.h. dunkle Tupfen werden auf hellere Flächen gesetzt. Nun wird zwischen die Blüten das Blattwerk gemalt, wobei die typische Anordnung der Blätter wiedergegeben oder zumindest angedeutet werden soll. Mit einem hellen Grün werden sternförmige Gebilde in unterschiedlicher Dichte gemalt, daneben werden dunklere Grüntöne gesetzt. Zusammen mit dem Rot der Blüten entstehen allmählich sehr kontrastreiche Stellen. Da die Form des Strauches nicht durch eine Vorzeichnung vorgegeben ist, wird er nach und nach so weit ausgedehnt, bis er den größten Teil der Bildfläche einnimmt.

Um einen räumlichen Eindruck zu erzielen, werden die Grüntöne im unteren Bereich mit Umbra und Schwarz verstärkt. Schließlich wird der Hintergrund angelegt. Auf dem sehr wässrigen Himmel werden rechts und links Bäume mit Stämmen und Blattwerk in zarten Grüntönen nur angedeutet. Die helleren Farben im Hintergrund bewirken den Eindruck der Bildtiefe. Dieses Aquarell entwickelt sich von der Mitte aus, folglich gibt es Ausdehnungsmöglichkeit in alle Richtungen, was bei einer freien und spontanen Malweise besonders wichtig ist.

Blühender Schlehdorn

Schwarze Tusche

Der Schlehdorn ist ein äußerst anpassungsfähiges Gewächs, das bei uns meist in Gebüschen an Wegrändern zu finden ist. Wegen der Dornen und engen Verzweigung wird ein größerer Bestand undurchdringlich. Ein guter Schutz für Vögel und andere kleine Tiere. Der Strauch blüht schon zeitig, im März und April. Die Blüten finden sich allein auf schwarzem Geäst. Schlehdorn ist schon seit sehr langer Zeit als Heilpflanze bekannt.

Vorbereitung

Beim Zeichnen des Schlehdorns stehen nur wenige Bildelemente zur Verfügung, weiße Blüten an schwarzem, dornigen Gezweig. Gerade der extreme Farbkontrast macht diese Pflanze zu einem reizvollen Motiv.

Ausführung

Das Motiv wird mit Pinsel und schwarzer Tusche auf weißem Grund gezeichnet. Um eine frische Wirkung zu erzielen, wird mit relativ trockenem Pinsel gearbeitet. Die Blüten werden nur angedeutet, d.h. es werden nur die Umrisse der einzelnen Blütenblätter und die Staubgefäße gezeichnet, keinerlei Schatten oder größere schwarze Flächen. Tiefe wird hier durch die Überschneidungen der Äste und Blüten erreicht.

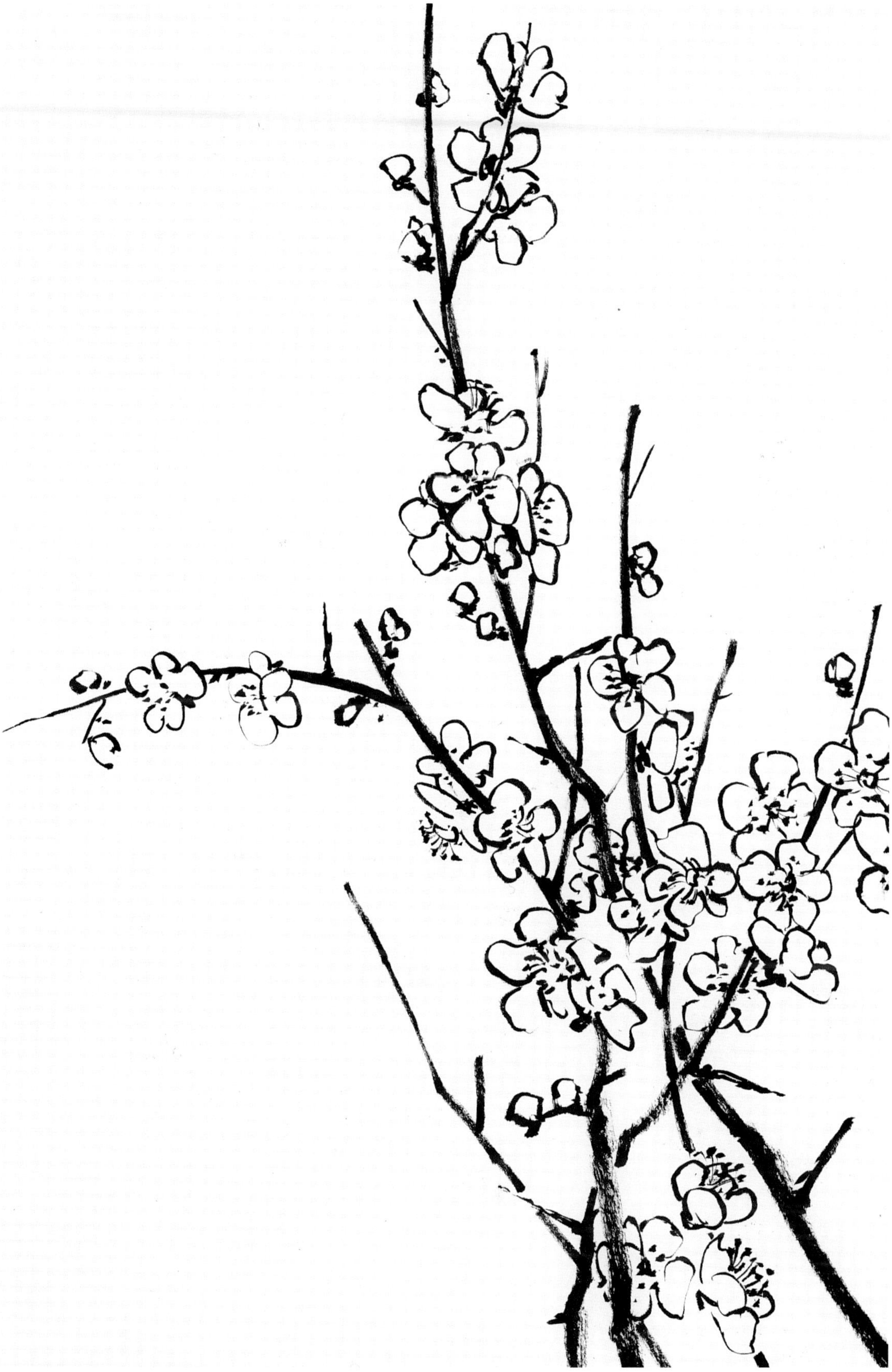

Fliederstrauch

Pastellzeichnung

Im April und Mai sind viele Gärten vom intensiven Duft der Fliederblüten erfüllt. Weiß, Blau und zahlreiche Violetttöne leuchten in üppigen Rispen auf ansehnlichen Sträuchern. Zusammen mit der Rosskastanie wurde der Flieder um die Mitte des 16. Jahrhunderts in Mitteleuropa eingeführt und dann in vielen Züchtungen stark verbreitet.

Vorbereitung

Da die Fliedersträucher sehr üppig und hoch werden können, lässt eine Gesamtdarstellung die Blütenstände eher unscheinbar ausfallen, sodass ein Ausschnitt sinnvoll erscheint. Sollte die Blütezeit vorüber sein, empfiehlt sich eine Anzahl geeigneter Fotos. Das Blattwerk hingegen bleibt länger am Strauch und bietet so lebendiges Anschauungsmaterial.

Ausführung

Der Ausschnitt verlangt eine überlegte Komposition, die Blüten und Blätter gut zur Geltung kommen lässt. Eine Vorzeichnung mit weichem Bleistift, Kohle oder Pastell lässt genügend Korrekturmöglichkeiten, wenn sie nicht zu stark aufgetragen wird.

Hier wurde mit Pastell vorgezeichnet, wobei erste flächige Partien bei Blättern und Blüten angelegt wurden. Die großen Blütenrispen werden als Ganzes behandelt, durch großzügige Strichelei mit kleinen Schwüngen entsteht ein räumlicher Eindruck.

Eine gute Vorarbeit erlaubte ein konsequentes Weiterzeichnen. Zunächst wird der Hintergrund in einem hellen Blauton angegeben und kurz fixiert. Beim Zeichnen von Blätter- und Blütenteilen ist man jetzt freier, wo nötig, kann über das Blau hinweggezeichnet werden. Für die Blüten werden ein dunkler und ein recht heller Violettton genommen, die Lichter werden mit Weiß gesetzt. Mit kleinen, schwungvollen Linien und Punkten lässt sich die buschige Wirkung der Blüten darstellen. Das Blattwerk wird mit verschiedenen Grüntönen gezeichnet, wobei die dunkelsten Stellen mit Zeichenkohle vertieft werden. Damit die Blätter plastisch erscheinen, müssen sie vor einer relativ dunklen Fläche stehen. Während des Zeichnens sollte immer wieder zwischenfixiert werden, oft nur stellenweise. Die fertige Zeichnung wird schließlich als Ganzes fixiert.

Blühender Holunder

Pastellzeichnung

Der schwarze Holunder ist ein stattlicher, vielverzweigter Strauch oder Baum. An Wegrändern und in Gebüschen ist er häufig zu finden. Er blüht weiß, wobei die zahlreichen Einzelblüten in eindrucksvollen Schirmrispen zusammenstehen.

Vorbereitung

Für den Holunder gilt genau das, was auf Bäume und Sträucher allgemein zutrifft. Eine Gesamtdarstellung wirkt eher unbefriedigend, wenn man die Blüten oder Früchte besonders betonen will. Es empfiehlt sich, einen Ausschnitt mit einigen Blütenrispen und Blättern zu wählen.

Ausführung

Als Zeichengrund bietet sich ein Papier mit einer kräftigen Tönung an, die ersten Umrisslinien werden mit weißer Kreide gezeichnet. Die Blütenrispen erhalten in diesem Stadium die Form und Ausrichtung, die für eine anschauliche Darstellung nötig sind. Die vorderen Blüten werden von vorne gezeichnet, die weiter hinten liegenden werden von einer Seitenansicht gemalt. Blätter und Fruchtstandachsen werden mit grüner Pastellkreide angedeutet.
Charakteristisch für den Holunder sind die Blüten in ihrem Rispenschirm und die interessante Struktur der Fruchtstandachsen, die in dieser Jahreszeit noch zartgrün sind. Um die buschige Wirkung der Blüten zu erreichen, werden schwungvolle Linien und Punkte gemalt, wobei die Farbe des Papiers teilweise noch durchscheint.
Der Hintergrund selbst bleibt unbearbeitet, da die Papiertönung ausreicht, wobei die Tiefe des Busches mit einem sehr dunklen Grün angedeutet wird. Einzelne Blätter werden mit unterschiedlichen Grüntönen herausgearbeitet. Das Blattwerk soll dicht erscheinen, um den Blütenständen noch mehr Leuchtkraft zu verschaffen. Einige Zwischenfixierungen werden nötig, da das Weiß häufig überarbeitet werden muss.

Blühende Kastanie

Pastellzeichnung (Abb. S. 26/27)

Mit bis zu 25 m kann die Kastanie eine stattliche Höhe erreichen und der Umfang ihres Blätterdaches aus großen, fingerförmig gefiederten Blättern ist beeindruckend. Im April und Mai bedeckt sie sich über und über mit rispenförmigen Blüten, die wie überdimensionale aufgesteckte Kerzen erscheinen. Die Rosskastanie bietet jetzt ihr schönstes Bild.

Vorbereitung

Es ist sehr verlockend, den ganzen Baum in seiner Blütenpracht zu malen oder zu zeichnen. Eine Gesamtdarstellung würde ihn aber weit in den Hintergrund setzen und Blüten und Blätter kämen nicht zur Geltung. Natürlich kommt es letztlich darauf an, welchen Aspekt man erarbeiten will. Für dieses Beispiel wurde ein Ausschnitt ausgesucht, der gerade die Blüten deutlich herausstellt.

Ausführung

Die Vorzeichnung ist mit Bleistift erstellt, anschließend werden einzelne Flächen mit Pastellstiften angelegt. Der kräftige Grundton des Papiers sollte an manchen Stellen durch das Weiß der Blüten durchscheinen. Die beiden großen Blüten und das in den Vordergrund reichende Blatt werden zügig herausgearbeitet, wobei die botanische Genauigkeit nicht im Vordergrund steht, die Körperlichkeit des gesamten Blütengebildes ist wichtiger. Für die Lichter und dunklen Tiefen werden diverse Grüntöne genommen, die tiefsten Schatten entstehen, indem mit Kohle über Grün hinweggearbeitet wird. Gelbtöne holen die hellsten Stellen heraus, Lichter werden zuletzt mit Weiß gesetzt. Die Blüten werden immer wieder mit Weiß überzeichnet. Für die schattigeren Partien eignet sich ein sehr helles Blau. Zuletzt werden Stempel und Staubgefäße mit lockeren Strichen angedeutet. Die Zeichnung sollte häufig überarbeitet werden, um die Licht- und Schattenwirkung sowie die Räumlichkeit anschaulich zu erreichen. Auch hier muss immer wieder zwischenfixiert werden.

Der Sommer

Sommerlicher Wald

Öl auf Leinwand

Im Sommer erscheinen Wälder zuallererst grün, dunkel und ziemlich dicht, wie ein kompaktes Gebilde. Mischwälder, mit unterschiedlichen Baumarten, sind dabei abwechslungsreicher und weisen Stellen ganz verschiedener Ausprägung auf. Reine Buchenbestände sind mit ihrem sehr dichten Blätterdach geheimnisvoll dunkel, fast ohne Unterwuchs, ebenso eintönige Nadelwälder. Wälder sind große, komplizierte räumliche Gebilde mit einer Vielzahl von Formen, sodass das Malen bzw. Zeichnen etwas Übung und Geduld erfordert.

Vorbereitung

Einige Skizzen, vor allem aber diverse Spaziergänge im Wald sind eine gute Grundlage, um das Thema „in den Griff" zu bekommen. Es sollte ein Ausschnitt gewählt werden, der einige Bäume im Vordergrund zeigt und gleichzeitig einen Ausblick in die Tiefe des Waldes. Hierbei sind die Lichtverhältnisse wichtig, die Blattwerk und Boden deutlich voneinander differenzieren.

Ausführung

Die Vorzeichnung mit Bleistift beschränkt sich auf die Form und Anordnung der Baumstämme und der wichtigsten Äste. Alles andere wird mit dem Pinsel frei herausgearbeitet. Zuerst werden einige Bleistiftlinien gezeichnet und eine einfache Schattierung mit Umbra in Aquarell angelegt, wie auf der linken Hälfte der Abbildung zu sehen ist. Die Ölfarben können anschließend über die Aquarellfarbe gesetzt werden. Zuerst werden Himmel und der Wald im Hintergrund angelegt, vor dem helleren Grün sollte sich der gezackte Rand der dunklen Fichten als scharfer Kontrast hervorheben. Baumstämme und Untergrund erhalten in diesem Stadium eine erste Tönung. Bei den Stämmen wird die Rundung durch eine entsprechende Verteilung von Hell und Dunkel herausgearbeitet. Die hellen Lichtstellen setzen dabei besondere Akzente, sie korrespondieren mit den Lichtstellen auf dem Waldboden und beleben als helle Kontraste die Szene. Das Laub muss immer wieder überarbeitet werden, flächige Stellen sollten von scharf akzentuierten Punkten und winzigen Strichen, die einzelne Blätter vorgeben, unterbrochen werden. Zu „knallig" geratene Grüntöne können mit Umbra, Ocker oder Brillantgelb gedämpft werden.

Schwarzpappeln am Flussufer

Öl auf Leinwand

An Flussufern und in Auenwäldern sind Schwarzpappeln recht häufig anzutreffen, manchmal in größeren Beständen. Die Bäume werden bis zu 30 m hoch und sind recht widerstandsfähig, selbst regelmäßige Überschwemmungen können ihnen nichts anhaben.

Vorbereitung

Die Darstellung einer Gruppe von Pappeln an einem Flussufer erfordert etwas Vorbereitung. Wo und wie sollen die Pappeln stehen? Welche Form sollte das Flussufer haben? Anschauung vor der Natur, einige Fotos und die Erinnerung sind hilfreich, jedoch sollten zuerst einige Skizzen gearbeitet werden.

Ausführung

Zu Beginn werden der Himmel und das Wasser als Hintergrund angelegt. Beides sollte sehr licht aussehen, um die gewollte Gegenlichtsituation darstellen zu können. Brillantgelb-hell, ein helles Kobaltblau sowie ein wenig Titanweiß sind hierfür geeignete Farbtöne. Zum Horizont hin sollte sich der Himmel aufhellen und so in den Bereich des Wassers übergehen. Das gegenüberliegende Ufer wird nur schwach angedeutet, gerade soviel, um einen Fluss deutlich zu machen. Für den Vordergrund werden etwas Ocker, Umbra und einige Grüntöne verwendet, zum Fluss hin werden Brillantgelb und Titanweiß eingesetzt. Die Bäume selbst werden zunächst ganz in Umbra angelegt, mitsamt Geäst. Hierbei ist die für diese Pappelart typische Form der Verzweigung zu beachten. Mit diversen Grüntönen wird das Laub gemalt, der Farbauftrag bleibt dabei eher dünn, fast aquarellartig. Bei der Ausarbeitung des Laubs wechseln Flächen und einzelne kleine Tupfer ab, um ein teils dichtes, teils aber auch ganz lichtes Laubdach zu erhalten. Anschließend werden die Stämme der Bäume mit dunklen Grüntönen und Umbra ausgearbeitet. Zuletzt werden einige Lichter auf dem Boden im Vordergrund gesetzt und die Spiegelung der Stämme im Wasser gemalt.

Kopfweiden

Aquarell

Kopfweiden säumen oft die Ufer von Flüssen und Bächen sowie die Ränder von Gräben. Ihre Stämme sind relativ niedrig, dafür recht dick, mit rauer und rissiger Rinde, und oft sind sie tief gespalten. Die Stämme enden nach oben in dickwulstigen Gebilden und gerade wenn das Geäst abgeschnitten wurde, treiben daraus immer wieder neue Äste in die Höhe.

Vorbereitung

Anschauung in der Natur, einige Skizzen und ein paar Fotos wurden für dieses Aquarell zu Hilfe genommen. Das Typische sind die bizarre Form und die stämmige, geheimnisvolle Gelassenheit der Weide. Die Komposition des Ganzen wurde in einer Skizze endgültig festgelegt.

Ausführung

Auf einem starken, etwas rauen Aquarellpapier wird mit leichter Hand die Vorzeichnung nach der Skizze aufgebracht. Hierbei sollte man nicht ins Detail gehen, um bei der eigentlichen Malerei noch Spielräume zu haben. Grundsätzlich ist bei Aquarell zu beachten, dass von Hell nach Dunkel gemalt wird, dort wo Lichter sein sollen, müssen helle Stellen stehengelassen werden. Hintergrund und Wasser werden in einer sanften Blautönung mit Pastell angelegt. Das Pigment sollte leicht verwischt und behutsam fixiert werden. Mit zarten Grüntönen, etwas Ocker und Umbra wird zuerst der Uferbereich gemalt, mit Umbra die Bäume.

Vor allem bei den Baumstämmen und Ästen wird von Hell nach Dunkel gearbeitet, mit Umbra und diversen Grüntönen werden Licht und Schatten herausgearbeitet, um die Gebilde schwer und räumlich erscheinen zu lassen. Für das Laubwerk reichen wenige Grüntöne, die meist flächig aufgetragen werden können. Kleine, kurze Striche ergeben frische Akzente und stehen für einzelne Blätter. Das Schilfgras im Vordergrund erfordert ein wenig Mühe. Es sollte eine bestimmte Struktur und Dichte bekommen, jedoch auf keinen Fall zu steif aussehen.

Birken- und Erlengehölz

Farbstiftzeichnung

Birken besiedeln als erste Bäume große Kahlschläge, Schotterflächen oder moorige Gebiete. Ihre Anspruchslosigkeit lässt sie auch in solch nährstoffarmen Gebieten überleben. Erlen lieben generell feuchtere Standorte, sumpfige Stellen an Bach- und Flussläufen und in Auenwäldern. Obwohl sie auch zu den Birkengewächsen zählt, ist die Erle, ganz im Gegensatz zu ihren auffallend hellen Verwandten, ein sehr dunkler Baum.

Vorbereitung

Für Birken und Erlen können Fotos, aber auch Anschauungsmaterial aus der Natur verwendet werden. Dieses Motiv sollte aber beide Gewächse in großer Anzahl zeigen.

Ausführung

Als Zeichengrund dient ein starkes Papier mit einer weißen, relativ glatten Oberfläche. Mit Bleistift wird eine Vorzeichnung aufgebracht, die die wichtigsten Formationen des Geröllfeldes und die Anordnung der Bäume andeutet. Anschließend wird die eigentliche Zeichnung der dunklen Erlenstämme aufgetragen. Die Stämme werden meist ganz in Schwarz durchgezeichnet, die Bäume im Vordergrund erhalten teilweise zusätzlich Brauntöne. Das Weiß der Birken ist durch die Papierfarbe schon gegeben. Mit Schwarz werden die Umrisse und etliche Strukturlinien auf den Stämmen gezeichnet.

Das durchgehende Laubdach wird mit helleren Grüntönen und ein wenig Gelb gestrichelt, dunklere Grüntöne und die stärkeren Linien dienen später als Strukturierung des Laubdachs. So entsteht ein Wechsel von hellen und dunklen Stellen. Der Hintergrund wird sehr dunkel angelegt, sodass sich die hellen Birkenstämme abheben. Die Gesteinsbrocken erhalten ihre Gestalt und Struktur, indem die Oberseiten hell belassen werden und die Seiten sowie die unteren Partien dunkel angelegt werden. So setzen sich die einzelnen Elemente voneinander ab und der Eindruck eines großen Geröllfeldes entsteht.

Pyramidenpappeln

Öl auf Leinwand

Pyramidenpappeln sehen ein wenig wie Zypressen aus. Sie haben ihre Äste und Zweige hochgeklappt und gewinnen so ihr auffallend schlankes Aussehen. Diese Art der Schwarzpappel wurde eine Zeit lang gern als Straßenbaum angepflanzt, zur napoleonischen Zeit entstanden so ganze Pappelalleen.

Vorbereitung

Um eine solche Pappelallee anzulegen, sollten zuvor einige Skizzen gemacht werden, Fotos sind hierbei hilfreiche Gedächtnisstützen. Um die Reihung der Bäume darstellen zu können, muss das Bild perspektivisch angelegt werden. Eine kleine Straße führt sanft durch hügeliges Gelände. Das Licht sollte etwas von vorn und ein wenig von der Seite kommen, sodass die Schatten noch auf dem Weg zu sehen sind.

Ausführung

Auf die Leinwand wird eine kleine Zeichnung gebracht, die die vorher in Skizzen geklärte Situation darstellt. Anschließend wird der Hintergrund angelegt, der mit Brillantgelb-hell und etwas Chromoxidgrün eine helle und sonnige Wirkung erhält. Weg und umgebende Landschaft werden mit hellen und gedämpften Grüntönen gemalt. Die Farben im Vordergrund sind kräftiger, im Hintergrund lichter, diese Farbperspektive erzeugt den Eindruck der Tiefe. Der Weg sollte mit Brillantgelb-hell sehr licht gehalten werden und sich somit von der Umgebung kontrastreich abheben. Nachdem der Hintergrund angelegt ist, werden die Pappeln gemalt. Die Stämme werden mit Umbra angelegt und an den Seiten zum Teil aufgehellt. Das Laub wird mit unterschiedlichen Grüntönen angelegt, wobei einige Stellen freigelassen werden, sodass der Hintergrund durchscheint. Die linke Pappelreihe erscheint farblich recht dunkel und monochrom, da sie sich im Gegenlicht befindet. Die rechte Reihe erhält ein bewegtes Lichter- und Schattenspiel, da sie teilweise von der Sonne beleuchtet ist. Die Schlagschatten der linken Baumreihe auf der Straße werden zuletzt gemalt, wobei die vorderen Schatten kräftiger in der Farbe sind, die hinteren zarter.

Sommerlicher Apfelbaum

Pastellzeichnung

Die verschiedenen Sorten von Apfelbäumen erlauben eine Apfelernte vom Sommer an bis tief in den Herbst hinein. Wenn nicht plantagengerecht auf eine Minigröße heruntergezüchtet, können Apfelbäume sehr ansehnlich werden. In alten Gärten ist da noch manch schönes Exemplar zu finden.

Vorbereitung

Da die Früchte im Mittelpunkt des Bildes stehen sollen, empfiehlt es sich, einen Ausschnitt darzustellen, und nicht einen ganzen Baum. Zum Zeichnen von Äpfeln nach der Natur bleibt das ganze Jahr über Gelegenheit. Selbst für die Anschauung der Früchte am Baum hat man gut ein Vierteljahr. Für diese Zeichnung wurden ein Stück Stamm und einige Zweige, die voller Äpfel hingen, ausgesucht.

Ausführung

Für die Vorzeichnung wird auf einem leicht getönten Papier mit leichten Linien eine Bleistiftskizze gemacht, die Komposition und Stellung der Bildteile zueinander festlegt. Mit einem hellen, gedämpften Blau wird der Hintergrund flächig angelegt, ebenso die Äpfel mit einem kräftig leuchtenden Orange. Diese kräftigen Flächen können und sollen durch die später aufgetragene Farbe durchscheinen. Durch den Grünton der Blätter kann schon Licht oder Schatten angegeben werden. Stamm und Zweige erhalten ihre erste Farbe und Struktur mit Sepia.
Der weitere Zeichenvorgang sollte ganz auf das Herausarbeiten von Licht, Schatten und Räumlichkeit konzentriert sein. Wichtig ist hierbei der Kontrast zwischen dem dunklen Stamm und den leuchtenden Äpfeln. Die kühleren Grüntöne des Blattwerks und der neutrale Hintergrund verstärken zusätzlich die kräftigen Orange- und Rottöne. Die Rundung der Äpfel wird mit Licht- und Schattenabstufungen erreicht, extreme Lichter können mit Weiß gesetzt werden. Der Stamm wird zum Schluss mit dunklen Pastellkreiden durchgearbeitet, wobei auch hier Licht und Schatten zu beachten sind. Bei diesem Zeichenvorgang sind partielle Zwischenfixierungen notwendig.

Eiche

Aquarell

In Europa gibt es etwa 25 Eichenarten, größere Eichenwälder jedoch kaum noch. Die Stiel-Eiche fällt durch ein besonders knorriges Geäst auf. Schon von weitem ist der Baum leicht als Eiche erkennbar. Mit seiner bizarr, knorrigen und zum Teil verstümmelten Gestalt bleibt er im hohen Alter ein starkes Motiv für Zeichnung und Malerei.

Vorbereitung

Für dieses Bild lagen einige Fotos und Skizzen, die auf diversen Spaziergängen gemacht wurden, vor. Als Motiv wurde ein intakter, schon ziemlich alter Baum und ein Stamm eines abgestorbenen Baumes gewählt.

Ausführung

Auf einem mittelstarken, etwas rauen Aquarellpapier werden mit Bleistift der Baumstamm und das stärkste Geäst umrissen. Einige Stellen sollten für das Laub freibleiben. Baumstumpf und Untergrund werden nur angedeutet. Begonnen wird mit hellen Farben, hier mit hellen Grüntönen für das Laub, erst nach und nach werden dunklere Farben aufgetragen, wobei Stellen, die im Licht liegen sollen, freigelassen werden. Für den Stamm wird ein helles Umbra verwendet, der Himmel wird nur stellenweise mit einem Blauton versehen. Er sollte als Hintergrund möglichst hell bleiben, sodass einige Stellen Weiß belassen werden.

Die Umbratöne auf Stamm und Ästen werden zur linken Seite hin allmählich vertieft, um Licht und Schatten zu erhalten und damit eine räumliche Wirkung zu erzielen. Kleine, kurze Strukturlinien sollten in Wuchsrichtung verlaufen. So wird die dicke Borke angedeutet und der Stamm erhält ein interessantes Aussehen. Licht und Schatten sind ebenso wichtig für den Laubbereich, die Unterseiten der Laubpartien werden mit dunklen Grüntönen angelegt. Durch dieses Spiel von Hell und Dunkel entsteht eine gewisse Räumlichkeit. Dieser Eindruck wird auch erreicht, indem Blattwerk sowohl vor als auch hinter dem Stamm und den Ästen dargestellt wird.

Der Baumstumpf erhält einen dunkelgrauen Farbton und rückt damit hinter den Stamm der Eiche. Im Untergrund werden kurze, energische Striche zur Andeutung einer Grasnarbe, die im Schattenbereich des Baumes intensivere Farbtöne erhält, gesetzt. Zum Schluss werden in die Lücken des Laubwerks noch einige Zweige gemalt.

Wettertannen

Öl auf Leinwand

Auf manchen Berghängen oder Hochflächen trifft man die als Wettertannen bezeichneten Bäume. Diese uralten Fichten oder Tannen sind meist die Überreste eines ganzen Bestandes, der aber schon lange verschwunden ist. Das Aussehen dieser Bäume ist gewöhnlich abenteuerlich. Von Stürmen halb zerbrochen, vom Blitzschlag zerspalten, recken sie bizarr die wenigen verbliebenen Äste und grünen immer noch.

Vorbereitung

Für dieses Motiv lagen Fotos vor. Anhand von Skizzen wurden die Bäume von einer Hochebene auf einen Berghang versetzt, um dem Bild mehr Spannung zu verleihen.

Ausführung

Die Vorzeichnung wird mit Bleistift auf die Leinwand aufgetragen, wichtigstes Bildelement sind die Bäume, alle anderen Bildobjekte sollten nur andeutungsweise umrissen sein. Die farbige Gestaltung wird mit Himmel und Hintergrund in Kobaltblau, etwas Umbra und Titanweiß begonnen.
Der Berghang im Hintergrund wird mit ein wenig Preußischblau als Zugabe entsprechend kräftiger angelegt.
Diverse helle und dunkle gedämpfte Grüntöne und Ocker werden für den Hang im Vordergrund verwendet.
Die Bäume selbst können relativ großzügig gemalt werden, die Rissigkeit der Borke bleibt nur angedeutet, Licht und Schatten am Stamm dagegen sollten kontrastreicher gestaltet werden.
Die benadelten Äste sowie die Felsbrocken und Fichten im Hintergrund werden differenziert dargestellt, um einen wuchtigen, elementaren Eindruck zu erreichen.

Waldkiefer

Rötelzeichnung

Kiefern gehören zu den am weitesten verbreiteten Bäumen unserer Breiten. Von den verschiedenen Arten ist die Waldkiefer, die 30 bis 40 m hoch werden kann, sicher am eindrucksvollsten. Wenn sie nicht frei steht, ist die Krone sehr hoch angesetzt. Auffallend sind die büschelartig angeordneten, langen und fast weichen Nadeln und der hohe und schlanke, in einer orangerötlichen Färbung leuchtende Stamm.

Vorbereitung

Um diesen eindrucksvollen Baum so darzustellen, dass seine typischen Eigenarten, insbesondere die enorme Höhe, zum Tragen kommen, bietet sich die Sicht von unten an, so als ob man direkt vor dem Stamm stünde und nach oben blickte.
Sowohl die Verästelungen als auch die Rinde lassen sich auf diese Weise gut darstellen.
Rötel als Zeichenmaterial hat einen angenehm warmen Ton und entspricht der rötlichen Färbung des Baumes. Jedoch ist bei Rötel darauf zu achten, dass sich ein einmal gezogener Strich schwer wieder entfernen lässt und sich Fehler somit kaum korrigieren lassen.
Als Zeichengrund dient ein Papier mit einem hellen gedämpften, bräunlichen Farbton.

Ausführung

Bei dieser Rötelzeichnung ist eine Vorzeichnung nicht nötig. Die Untersicht und die Anordnung des Stammes auf dem Format sollten gut bedacht sein, die Diagonale unterstützt den spannungsreichen Eindruck der Komposition. Die größten Äste werden mit leichten Umrisslinien angedeutet, die Büschel der Nadeln erscheinen in kurzen leichten Strichen, die der natürlichen Anordnung so möglichst entsprechen soll.
Die Rundung des Stammes und die unterschiedliche Dichte der Baumkrone werden mit einer Vielzahl kleiner einzelner Striche dargestellt, wobei der Eindruck einer einheitlichen Fläche vermieden werden sollte.

Lichte Stellen sollten mit dichteren abwechseln und auch hier sollte möglichst ein Oben und Unten entstehen.
Diese Wirkung wird erzielt, indem der Rötelstift unterschiedlich fest auf den Zeichengrund gedrückt wird und die Dichte der Strichelei variiert wird.

Arven

Sepiazeichnung

Arven (Zirbelkiefern) sind die einzigen hochwachsenden Bäume, die noch in größeren Höhen anzutreffen sind. Hier stehen sie, zwischen 1800 und 2400 m, in kleineren Beständen oder auch einzeln, wenn die Lage noch einigermaßen geschützt ist. Es sind Bäume der alpinen „Kampfzone", mit besonderen Fähigkeiten, die das Überleben möglich machen. So werden bereits im Herbst die Nadeln frosthart, sodass sie Temperaturen von 40° Minus unbeschadet überstehen können.

Vorbereitung

Diese Zeichnung ist keine Abbildung nach der Natur, sondern eine relativ freie Arbeit, die versucht, das für Arven Typische einzufangen und darzustellen.

Ausführung

Die Umrisse des mittleren Baumes werden ohne jede Vorzeichnung mit Sepia auf ein einfaches Zeichenpapier gezeichnet, ebenso die Baumstümpfe, die Astansätze und die kleineren Zweige.

Bei dem Zeichnen mit Sepia ist zu beachten, dass einmal gezogene Linien kaum wieder korrigiert werden können. Bei der Ausarbeitung wird mit den Nadelbüscheln, die stellenweise die Stämme verdecken, begonnen. Die Nadeln selbst werden mit kurzen, etwas gebogenen Linien, die nach außen fast strahlenförmig auseinander laufen, angedeutet. Die Stämme werden mit kurzen Linien, die der Borkenstruktur entsprechend verlaufen, recht kräftig gezeichnet. Unterhalb der Nadelbüschel finden sich dunklere Stellen.

Der Vordergrund wird durch Steine und Gräser großzügig markiert, im Hintergrund genügen einige Linien als Andeutung von Gebirge.

Bergwald

Pastellzeichnung

Wälder sind im Gebirge sehr starken Kräften ausgesetzt, die häufig tiefe Spuren hinterlassen. Neben Sturm, Schnee- und Eisbruch bewirken Lawinen stärkste Zerstörungen. Die Bäume eines Bergwaldes wachsen oft auf abenteuerlichen Standorten, da ist nichts ganz gerade und schon gar nicht eben.

Vorbereitung

Bei dieser Pastellzeichnung sollte eine freie Arbeit entstehen, ohne die üblichen Vorbereitungen mit Skizzen, Aufsichten von Bildmaterial usw. Abgesehen von ein paar Fotos sollte vor allem die Erinnerung an Eindrücke und Gefühlssituationen die Komposition bestimmen. Die expressionistische Farbwahl und die schnelle Art und Weise des Zeichnens drücken die Absicht dieser freie Empfindungen vermittelnden Arbeit aus.

Ausführung

Als Zeichengrund wurde ein starker, weißer Karton genommen, dessen etwas rauere Rückseite für Pastelle gut geeignet ist. Der Hintergrund aus Himmel und rückseitigem Berghang ist schnell gezeichnet, die Fichten, der Weg und die Steine im Vordergrund werden relativ gleichzeitig gemalt, d.h. es wird nicht erst die eine Partie fertiggestellt, um dann zur nächsten überzugehen. Das Zeichnen sollte in schnellen Bewegungen und mit kräftigem Farbauftrag erfolgen. Um dem Bild einen dynamischen Charakter zu verleihen, werden diagonale Linien verwendet, die expressionistische Farbigkeit, die den Kampf des Wachsenden gegen die Kräfte der Zerstörung ausdrückt, behält dennoch einen Bezug zur Natur. Heftige Strukturlinien im Vordergrund sollten die gleichförmigen Flächen unterbrechen und den Eindruck von Unruhe noch unterstützen.

Herbstfarben

Herbstwald

Öl auf Leinwand

Ab Mitte September beginnt der Herbst die Blätter der Bäume zu färben und die Laubwälder fangen an, regelrecht zu leuchten, selbst an den trüben und nebligen Tagen, um wieviel mehr aber noch, wenn die niedrig stehende Sonne die Wälder mit Licht durchflutet.

Vorbereitung
Für ein solches Bild eignen sich Fotos und ausgedehnte Spaziergänge zur Motivsuche. Die räumliche Anordnung der Bäume und ihre Form wird in einer Skizze erarbeitet.

Ausführung
Nach der Skizze wird mit Bleistift eine Vorzeichnung auf die Leinwand gebracht. Die Bäume des Vorder- und des Mittelgrundes erhalten eine zarte Tönung mit Umbra, ebenso der gesamte Bereich des Vordergrundes, der im Schatten liegen sollte. Das Ganze wird anschließend knapp fixiert, gerade so, dass die Bleistiftlinien nicht verwischen.

Anschließend wird die Vorzeichnung farblich gestaltet. Um eine ganz lichte Wirkung zu erzielen, eignet sich eine Gegenlichtsituation, d.h. die Bäume erscheinen vor einem sehr hellen Hintergrund, der mit Brillantgelb und Titanweiß angelegt wird. In verhaltenen Rot- und Orangetönen werden erste Andeutungen von Laubwerk ausgeführt. Die vorderen Stämme und der Vordergrund erhalten eine dunklere Tönung von Umbra, Grün und Terra di Siena.

Beim Malen muss das Licht des Hintergrundes unbedingt erhalten bleiben. Die starken Kontraste werden durch die sehr dunklen Baumstämme erreicht. Das Laub sollte immer wieder überarbeitet werden, bis es die nötige Dichte hat und einzelne Blätter stellenweise hervorgeholt werden können. Zuletzt werden Lichter und Schatten sowohl auf den Stämmen als auch auf dem Waldboden gesetzt.

Herbe Schlehen

Pastell, schwarze Kreide

Die Früchte des Schlehenstrauchs werden im September/Oktober allmählich reif und bekommen ihre blauschwarze Farbe. Ihren sauren Geschmack verlieren sie nach den ersten Frösten im November. Dann hängen sie, wie im Frühjahr die Blüten, ganz allein an schwarzem Geäst. Schlehen haben auch in der menschlichen Nahrung eine lange Geschichte, abgesehen von ihrer Wirkung als Heilmittel. In Persien wurden sie bereits im Altertum durch Kreuzung zur heute bei uns bekannten Pflaume herangezüchtet.

Vorbereitung

Die Komposition ist ähnlich wie die der Frühjahrssituation, wenige Zweige, die diagonal durch das Format laufen. Die Früchte sollen reif sein, die Blätter aber noch am Zweig.

Ausführung

Für diese Zeichnung wird ein Papier mit einem fast olivgrünen Farbton ausgesucht. Die Zweige werden zügig mit wenigen schwarzen Kreidestrichen gezeichnet, dabei sollten einige Freistellen beibehalten werden. In diese freien Stellen und um die Zweige herum werden die Früchte zunächst mit einem mittleren Blau gezeichnet. Mit Weiß erhalten sie Lichter im oberen Teil, die Unterseite wird mit Preußischblau und Ultramarin dunkler gehalten. Das Kugelrunde dieser Früchte sollte möglichst klar herauskommen. Mit verschieden hellen und dunklen Grüntönen werden Lichter und Schatten auf den Blättern gesetzt, mit Brauntönen wird der herbstliche Charakter unterstrichen.

Beim Zeichnen sowohl der Früchte als auch der Blätter sind ab und zu Zwischenfixierungen notwendig.

Eberesche

Aquarell

Ebereschen sind eigentlich gar keine Eschen, sondern gehören zur Familie der Rosengewächse. Ihre Blätter sind denen der richtigen Esche (Familie der Ölbaumgewächse) ähnlich, jedoch sehr viel feiner gefiedert. Die Eberesche kann als relativ kleiner bis mittelhoher Baum wachsen, aber auch als mehrstämmig verzweigter Strauch vorkommen. Im Frühjahr schmückt sie sich reichlich mit weißen rispenförmigen Blütengebilden, im Spätsommer und Herbst mit korallenroten, auffälligen Früchten. Für viele Vögel sind sie ein Leckerbissen, sodass die Bezeichnung Vogelbeeren sehr treffend ist.

Vorbereitung

Im Mittelpunkt des Bildes stehen die roten Beeren, die zum Grün der Blätter und Zweige sehr kontrastreich wirken. Um die Wirkung der Beeren hervorheben zu können, bietet sich ein Ausschnitt an, die Darstellung des ganzen Baumes würde sie eher verloren wirken lassen.

Ausführung

Auf einem weißen, mittelstarken und ein wenig rauen Aquarellpapier wird eine Bleistiftzeichnung angelegt. Mit feinen Linien deutet sie das Gezweig und sehr vereinfacht die Fruchtstände an, ebenso einige der Fiederblätter. Mit einem Pastellstift in Brillantgelb erhält der Hintergrund eine leichte Tönung, die unbedingt fixiert werden sollte.

Mit Aquarellfarbe werden zuerst die Früchte gemalt, zunächst in hellen Rottönen, wobei jeweils in der oberen Hälfte eine kleine Stelle, die als Lichtpunkt erhalten bleiben soll, ausgespart wird. Die Unterseite wird dunkler gestaltet, sodass die kleinen Beeren rund wirken.
Für das Blattwerk und die winzigen Verästelungen der Fruchtstände werden diverse Grün- und Gelbtöne verwendet.

Das Geäst und der schlanke Stamm werden verhalten dargestellt, gerade so, dass sie das Ganze als Struktur halten können.

Die Verteilung der bemalten und der lichten Stellen sorgen für einen hellen und leichten Eindruck (Abbildung S. 48).

Baumwurzeln

Acryl

Wurzeln breiten sich unter der Erdoberfläche aus und der Umfang des Wurzelwerks lässt sich nur schwer an den dicken Wurzelanfängen abschätzen.

Vorbereitung

Um das Wurzelwerk sichtbar zu machen, wurde für das vorliegende Beispiel ein Baum gewählt, dessen Wurzeln vielleicht infolge einer Unterspülung durch ein reißendes Wasser freigelegt wurden. Der Baum, seines wichtigsten Haltes beraubt, neigt sich stark zur Seite.

Ausführung

Die Lage und die Form des Baumstammes und der Hauptwurzeln werden mit dünnen Bleistiftlinien auf weißes Aquarellpapier vorgezeichnet. Mit Hookersgrün und etwas Gelbem Ocker wird dann der gesamte Untergrund angelegt. Hierzu reicht sehr wenig Farbe aus, die lasierend aufgetragen wird, um eine schwache Tönung zu erzielen.

Eine naturgetreue Wirkung wird durch eher ungleichmäßiges Anlegen erreicht. Stamm und Rinde erhalten nach und nach mit Hookersgrün, Ocker, Gebranntem Umbra und Paynesgrau eine differenzierte Farbgebung.

Die Eigenschaft der Acrylfarben, sich nach dem Trocknen nicht mehr anzulösen, erlaubt ein wiederholtes Übermalen einzelner Bildteile.

Die Wurzeln erhalten im Verlauf des Malens sehr viel weniger Farbe, als die sie umgebende Erde, so dass sie sich plastisch und kontrastreich von dem tiefen, dunklen Boden abheben. Entsprechend werden die Wurzeln, die im Bild weiter hinten liegen, sehr dunkel angelegt. Mit Hookersgrün wird in einer verlaufenden Farbgebung nun das Blattwerk angedeutet, einzelne Striche mit Umbra stellen das spärliche Gezweig dar. Die Stellen, die genauer artikuliert werden sollen, werden mit einem trockenen Pinsel gemalt, um die Wirkung eines Aquarells zu erreichen, werden mit der Verwendung von mehr Wasser Farbverläufe erzielt.
Folglich ist der Malvorgang dem eines Aquarells vergleichbar, Vorteil jedoch ist, dass mit der Acrylfarbe häufig übermalt werden kann.

Herbstliche Buchen

Aquarell

Buchen bieten mit ihrem üppigen, stark gefärbten Laubwerk im Herbst einen imposanten Anblick.
Es sind reichverzweigte Bäume, mit einer entsprechend gewaltigen Fülle an Blättern, deren Herbstfarben viele Stufen von Gelb bis zum satten Rotbraun aufweisen.

Vorbereitung

Diese Ansicht von der Seite erfasst gleich drei Bäume, die eng zusammenstehen, und erlaubt einen weiten Blick in die Landschaft.

Ausführung

Für diese Arbeit wurde ein mittelstarkes Aquarellpapier verwendet. Der Malgrund wird mit einem gedämpften gelben Pastell getönt und dann etwas fixiert. Der obere Teil des Blattes wird mit einem hellen Blau in Aquarell übermalt. Die Bäume werden nicht vorgezeichnet, sondern zunächst werden die Baumstämme gemalt, wobei einige Stellen für das Laub freigelassen werden. Das Herbstlaub wird anfangs in helleren Gelb- und Rottönen angelegt, intensiveres Rot und Orange verdichtet allmählich das Laub zu einem Gebilde, das mit vielen „Punkten“, die großzügig gesetzt werden, einzelne Blätter andeutet. Ähnlich wird der Untergrund behandelt.

Der Hintergrund bildete mit seiner bläulichen Tönung einen leichten Kontrast zu dem herbstlichen Laub und erzeugt durch die helle Färbung und den kühlen Ton Tiefenwirkung.

Holunderbeeren

Pastellzeichnung

Fliederbeeren ist eine volkstümliche Bezeichnung für die reifen Früchte des Holunders. Ende August und im September bekommen die zuerst grünen Früchte ihre schwarze oder schwarzrote Farbe. Sie hängen dann schwer an ihren purpur gewordenen Fruchtstandachsen. Dieser reizvolle Farbkontrast soll hier in Pastell festgehalten werden.

Vorbereitung

Wie bei der Blüte empfiehlt sich auch jetzt ein Ausschnitt, der einige Fruchtstände, die aus dichtem Blattwerk farblich und als Struktur herausragen, zeigt. Da die Früchte schwer sind und nach unten hängen, muss der ganze Ausschnitt gedreht werden.

Ausführung

Auch für dieses Motiv bietet sich ein getöntes Papier als Zeichengrund an, hier ein heller, ganz stumpfer Ockerton.
Die einzelnen Elemente werden mit Bleistift leicht vorgezeichnet und die Früchte zunächst mit einem dunklen Blauviolett, mal dichter, dann wieder verstreuter, gemalt, sodass eine abwechslungsreiche Anordnung entsteht. Als nächstes werden die purpurfarbenen Fruchtstandachsen in einem kräftigen Rot gezeichnet, wobei sie aus dem Blattwerk heraushängen sollten und zum Teil mit den einzelnen Früchten verbunden werden.

Die Früchte selbst werden mit weißen Lichtpunkten und einem dunklen Kohlestrich auf der Unterseite versehen, sodass sie plastisch erscheinen.
Für das Blattwerk werden unterschiedliche Grüntöne verwendet, die frühherbstliche Stimmung wird durch bräunliche Stellen und Blätter erreicht.

Herbstliche Impressionen

Aquarell

Ausführung

Bei einer solchen Aquarellskizze sind die Farben selbst Motiv, nicht irgendwelche Formen von Bäumen und Sträuchern.

Begonnen wird mit hellen Farbflächen im mittleren Bereich des Bildes, verschiedene Grüntöne werden als Kontraste dazugesetzt.

In Umbra, Brauntönen und Schwarz entstehen nun erste ordnende Strukturen. So entsteht der Eindruck von Baumstämmen, die Farbflächen werden zu Laub und Grasflächen und mit etwas Blau werden Himmel und im unteren Bereich Wasser angedeutet.

Die dunklen Stellen werden nun noch mehr verdichtet. So entsteht in kurzer Zeit eine kleine Herbstlandschaft, die als Skizze zwar manches offen lässt, aber einen sehr konkreten Eindruck vermittelt.

Dunkel und Licht – Winterkontraste

Kleines Winterbild

Deckfarben und Pastell auf Karton

Der Winter hat so manche Tage, die ohne Frost sind, fast mild, vielleicht ein bisschen diesig und feucht. Das Laub am Waldboden modert in dieser Nässe rasch und verliert nach und nach seine fröhliche Buntheit. Diese Vergängnis verströmt einen intensiven Geruch, typisch für Spätherbst und frühe Winterzeit, für November und Dezember, eine verhaltene Traurigkeit mit all den gedämpften Farben.

Vorbereitung

Es sollte ein Bild entstehen, das weniger durch viele Details oder eindrucksvolle Objekte wirkt, sondern die besondere Stimmung ausdrückt. Ein solches Bild kann sehr frei gearbeitet werden und erfordert keine vorbereitenden Skizzen.

Ausführung

Ein Stück grauer Karton, die stabile Rückseite eines aufgebrauchten Aquarellblocks, eignet sich für diese Bildabsicht hervorragend. Gemalt wird von vorne nach hinten, der Baum im Vordergrund wird ohne jede Vorzeichnung farbig angelegt. Der Malvorgang sollte rasch, mit kräftigen Linien und Punkten erfolgen. Mit weit ausholendem Wurzelwerk krallt sich dieser Baum in die Erde. Zu den Braun-, Umbra- und Grüntönen kommt reichlich Schwarz, der zweite Baum wird in mittleren Grautönen und etwas Schwarz schräg hinter dem ersten gemalt. Für den Waldboden werden vor allem Gelb und Ocker, zum Teil Pastelltöne, Terra di Siena, Umbra sowie ein wenig Grün und Grau verwendet. Der Farbauftrag sollte nicht zu trocken sein, mit großzügigen und spontanen Pinselstrichen. Die Bäume im Hintergrund werden sehr viel heller angelegt, sodass der Eindruck erzielt wird, sie lägen viel weiter hinten im Bild. Diese Farbperspektive wird durch den grauen Hintergrund der Pappkartons verstärkt.
Der Karton schimmert an vielen Stellen durch die aufgetragenen Farben und dämpft deren Leuchtkraft. Dieser Effekt verstärkt die Atmosphäre des Bildes. Da der Untergrund die Wasserfarben rasch aufsaugt, werden Korrekturen sehr schwierig.

Winterliche Kopfweiden

Zeichenkohle, schwarze Kreide, Bleistift

In winterlichen Landschaften fallen Kopfweiden sofort durch ihr etwas klobiges und bizarres Aussehen auf. Aus dem Schnee, der auf ihnen liegt, recken sich schwarze, dünne Äste wie hilflose Arme. Sie stehen oft vereinzelt, manchmal in Reihen entlang der Graben- und Wiesenränder, wie seltsam verlorene Gestalten.

Vorbereitung

Das Motiv, das vorher in seiner sommerlichen Version behandelt wurde (S. 31), ist jetzt etwas spartanischer, da die Belaubung fehlt und die Gräser bis auf Ansätze stark reduziert sind. Die Bildaufteilung jedoch ist dieselbe.

Ausführung

Mit Zeichenkohle werden vorsichtig die Umrisslinien der beiden Bäume gezeichnet, ebenso die Ränder des Gewässers. Im Bereich der kräftigen Stämme wird etwas kühner gearbeitet, da sie sehr dunkel ausfallen sollen, verlangen sie eine kräftige Handschrift. Die größeren Flächen werden dabei mit Kohle gezeichnet. Die Strukturlinien, die die Borke andeuten sollen, werden mit schwarzer Kreide gezeichnet, wichtig ist hierbei der organische Verlauf der Linien. Im oberen Teil der Bäume müssen helle und dunkle Flächen genau abgegrenzt werden, um den Eindruck von Schnee, aus dem dunkle Äste ragen, zu erreichen.

Die Landschaft wird durch große, weiß belassene Flächen mit nur wenig Zeichnung angedeutet. Da die Farbe des Papiers für den oberen Teil der Bäume zu wenig Kontrast bietet, wird vom Horizont an aufwärts bis zum oberen Rand des Bildes mit einem Bleistift mittlerer Härte zart gestrichelt, sodass der Himmel mit einer Art Kreuzschraffur bedeckt ist. Die Schneestellen am Baum und im Geäst werden dabei sorgfältig ausgespart. Der durchgehende Grauton verstärkt den winterlichen Eindruck der Zeichnung.

Im Winterwald

Öl auf Leinwand

Winterliche Wälder sind Welten für sich, verschieden nach Standort und Zusammensetzung, nach Alter und Art der Bewirtschaftung. Eines ist ihnen jedoch gemeinsam – sie sind still. Vögel und andere Tiere sind kaum zu vernehmen. In den entlaubten Buchenwäldern kann sich eine dicke Schneedecke bilden, aus der die Stämme starr und dunkel herausragen und ihr Geäst hart in den Himmel recken.

Vorbereitung

Soll ein winterliches Bild entstehen, ist man schon auf etliche Vorlagen und Erinnerungen angewiesen, wenn draußen die Sommersonne scheint. Hier soll ein Buchenwald entstehen, im Schnee, mit Bodennebel und relativ klarem Himmel.

Ausführung

Mit wenigen Linien wird auf der Leinwand mit Bleistift eine Vorzeichnung angefertigt. Da die Stämme ohnehin dunkel ausfallen sollen, werden die Bäume mit ihren größten Zweigen mit Aquarellfarbe in Umbra deutlich angeordnet. Hierbei gibt es immer noch genügend Korrekturmöglichkeiten. Der atmosphärische Hintergrund wird mit ein wenig Kobaltblau, Chromoxydgrün, Brillantgelb und Titanweiß angelegt, die Farbe wird dabei sehr dünn aufgetragen. Wichtig sind die feine Nuancierung und ein kühler Effekt.

Gemalt wird nun von hinten nach vorne. Die Bäume des Hintergrundes werden nur schwach angedeutet, nach unten verschwinden sie im Nebel. Dann werden die Bäume des Mittelgrundes gemalt und zuletzt die im Vordergrund stehenden sehr dunklen Baumstämme. Das filigrane Astwerk und Gezweig erfordert ein farblich abgestimmtes Vor- und Hintereinander. Bei einem solch klaren Wintertag spielen die Schatten eine ganz wichtige Rolle. Sie werden in kühlen Blau-Grüntönen gemalt, wobei ihr welliger Verlauf Bodenunebenheiten andeutet.
Die dunklen Baumstämme enden mit einem klaren Kontrast im Schnee.

Ein Wintertag

Pastell, Zeichenkohle

Ein besonders reizvolles Motiv ist ein bereifter Wald oder eine wie überzuckert wirkende weiße Landschaft.
Dicker Reif, der selbst die dünnsten Zweige ganz und gar umhüllt, verwandelt jeden Baum und Strauch in eine völlig andere Erscheinung.

Vorbereitung

Für dieses Bild lagen Fotos vor und es wurden einige kleinere Skizzen gemacht, die die Bildkomposition festlegten.

Ausführung

Als Zeichengrund wird ein starkes Papier mit einem mittleren Grauton ausgewählt. Bei diesem Thema erleichtert ein getönter Untergrund das Zeichnen, da nur wenige weiße Striche nötig sind, um eine winterliche Wirkung zu erzielen. Der obere Rand des Himmels erhält eine leichte Weißtönung, die nach unten hin verwischt wird. Mit weißer Kreide wird eine einfache Vorzeichnung des großen Baumes in der Bildmitte angefertigt.

Dann werden mit weißem Pastell die strauchartigen Gebilde im Hintergrund gezeichnet. Die Schattenpartien werden durch gedämpfte helle Blautöne markiert.

Für den Stamm des Baumes eignet sich schwarze Zeichenkohle, die Zweige der Sträucher werden mit kräftigen Pastellstrichen herausgezeichnet und die Schattenpartien mit Blautönen vertieft.

Winterbaum

Pastellzeichnung

Vorbereitung

Für diese Zeichnung sind keine Skizzen notwendig, sie lebt durch eine spartanische Strichsetzung und deutet das Wesentliche an.

Ausführung

Der farbige Zeichenkarton ist ein bewusst eingesetztes Zeichenmittel, sodass sich die Ausarbeitung des Stammes erübrigt. Der Stamm wird sozusagen negativ gemalt und behält die Farbe des Papiers, während der Hintergrund farbig gestaltet wird.

Mit blauer Kreide werden die Umrisse des Stammes und der Äste gezeichnet und der Schnee mit weißer Pastellkreide am oberen Rand der Zweige definiert. Mit einer gleichmäßigen Kreideschraffur erst in Blau, darüber anschließend zart in Weiß, wird der Hintergrund gestaltet. Zuletzt wird das Geäst im Vordergrund mit kurzen schnellen Strichen angedeutet.

Verschneite Fichten

Öl auf Leinwand

Vorbereitung

Bei diesem Bild sollte keine große flächige Landschaft entstehen, sondern nur ein Ausschnitt, der eine kleine Gruppe sehr verschneiter Fichten darstellt. Die Anzahl bildnerischer Elemente war also sehr beschränkt.

Ausführung

Für dieses Motiv ist eine Vorzeichnung nicht notwendig, zuerst wird der Himmel angelegt, der zu dem Schnee den stärksten Kontrast bildet. Der Himmel wird mit Preußischblau und Kobaltblau gemalt, zur Differenzierung der Fläche wird in der Mitte mit Titanweiß aufgehellt. Damit sind auch die Umrisse der Bäume festgelegt.
Der Schnee wird allein durch die Schatten und ihren Verlauf dargestellt, wobei die Kontur von Fichten deutlich zu sehen sein muss. Dies wird mit einem hellen Blauton, der stellenweise abgedunkelt wird, um eine räumliche Wirkung zu erzielen, erreicht.
Das Grün der Fichten, das unter der Schneedecke zu sehen ist, wird im Vordergrund dunkler und satter gemalt als im Hintergrund, um Räumlichkeit anzudeuten.

Für den Boden des Vordergrundes gilt dasselbe, Weiß wird nur sparsam verwendet.

Tiefverschneite Landschaften haben etwas von einer verwunschenen Welt. Details sind unter dem Weiß verborgen, selbst die Geräusche sind gedämpft.
Anders als bei Raureif, der die weißen Zweige von Bäumen und Sträuchern noch filigran schmückt, ist jetzt alles mehr versteckt, in „Watte“ eingepackt.

Fichtenwald im Wintersturm

Pastell, Zeichenkohle, schwarze Kreide

Sturm mit Schnee und Verwehungen zeigen ein Gesicht des Winters, bei dem große Energie und Kälte schnell für Tier und Mensch bedrohlich werden kann. Stürmische Wintertage gaben in der künstlerischen Darstellung oft den Hintergrund für dramatische Ereignisse, z.B. für den Rückzug der Armee Napoleons aus Russland 1812.

Vorbereitung

Bei diesem Motiv ist man der eigenen Phantasie überlassen. Zwar kann man sich das Zeichnen von Fichten durch Abbildungen oder auch direkte Anschauung erarbeiten, jedoch schwerlich eine solch dunkle und bewegte Situation, wie sie das Thema vorgibt.

Ausführung

Ein Papier mit einer recht dunklen Grautönung eignet sich für diese Darstellung. Eine kleine Zeichnung deutet die Bäume im Hintergrund an. Im Vordergrund stehen einzelne, mehr oder weniger vom Wind gebeugte Fichten, die sich zum linken Bildrand hin verdichten. Der Himmel wird in einem mittleren Grau und Weiß angelegt, wobei die Pastellkreide mit dem Finger verwischt wird.

Die Fichten des Hintergrundes erhalten durch

sehr dunkle Grüntöne, die noch mit Zeichenkohle vertieft werden, ihr finsteres Aussehen. Einzelne „Schneefahnen“ werden mit weißer Pastellkreide hineingewischt, um diese dunkle Front zu dramatisieren. Bei der Schneedecke deutet der Verlauf der hellen und dunklen Stellen die Windrichtung an. Zuletzt werden die Fichten im Vordergrund gezeichnet. Die Stämme werden sehr dunkel gezeichnet, ebenso die verwehten Kronen mit dem Grün der Bäume im Hintergrund.
Als Kontraste strecken sich noch die Zweige einiger verschneiter Sträucher aus der weißen Schneedecke.

Die Eiche als Winterbaum

Schwarze Kreide, Zeichenkohle

Der Winter verbirgt nicht nur unter dicken Schneedecken, er bringt auch Dinge zum Vorschein, die während der übrigen Jahreszeiten meist unter einem mehr oder weniger dichten Laubdach verborgen bleiben. Die laubwerfenden Sträucher und Bäume entblößen nun ihr „Skelett“ aus Stamm, dicken und dünnen Ästen und einer Vielzahl feinster Zweige.

Vorbereitung

Hier soll kein ganzer Baum gezeichnet werden, sondern ein Ausschnitt, der groß genug ist, Struktur und Eigenart unverwechselbar zu zeigen.
Der Blick von unten hinauf in die Krone betont den charakteristischen Stamm, die Borke sowie die Verteilung und den Verlauf der großen Äste.

Ausführung

Ohne Vorzeichnung wird der Stamm mit Zeichenkohle auf einem einfachen Papier skizziert, hierbei sollten zunächst die Umrisslinien und die wichtigsten Verläufe zu sehen sein. Dabei wird von unten nach oben vorgegangen, um so wie der Baum wächst, einen harmonischen Verlauf zu erreichen.
Bei dem Geäst erfordern die Überschneidungen, das Vor- und Hintereinander, größere Aufmerksamkeit, die Struktur und der Verlauf der Borkenstücke ist zeichnerische Kleinarbeit. Zu den Umrissen hin müssen die Linien immer enger gezogen werden, um den Eindruck von Rundungen zu erzielen.
Die Mitte des Stammes selbst wird dagegen mehr großzügig behandelt. Da das Licht von rechts kommen sollte, müssen die Konturen zu dieser Seite hin scharf sein, zur linken Seite dagegen eher weich. Die Unterseiten der größeren Äste werden mit einer dunkleren Schattierung gezeichnet, ebenso die linke Baumseite.

Die Linienführung für die Borke sollte dem Verlauf von Stamm und Ästen folgen. Das kleinere Gezweig wird nicht so detailliert ausgearbeitet, es tritt hinter den starken, borkigen Stamm und das knorrige Astwerk zurück.

Bei dieser Zeichnung wird der Hintergrund nicht gesondert behandelt. Schließlich wird die Zeichnung sorgfältig fixiert.

ENGLISCH VERLAG

kreativ

ISBN 3-8241-0944-1
Broschur, 64 Seiten

ISBN 3-8241-0900-X
Broschur, 64 Seiten

ISBN 3-8241-1045-8
Broschur, 32 Seiten

ISBN 3-8241-0898-4
Broschur, 64 Seiten

ISBN 3-8241-0899-2
Broschur, 64 Seiten

ISBN 3-8241-0984-0
Broschur, 64 Seiten

Lust auf Mehr?

Liebe Leserin, lieber Leser,
natürlich haben wir noch viele andere Bücher im Programm.
Gerne senden wir Ihnen unser Gesamtverzeichnis zu.
Auch auf Ihre Anregungen und Vorschläge sind wir gespannt.
Rufen Sie uns einfach an oder schreiben Sie uns.

Englisch Verlag GmbH
Postfach 2309 · 65013 Wiesbaden
Telefon 0611/9 42 72-0 · Telefax 0611/9 42 72 30
E-Mail info@englisch-verlag.de
Internet http://www.englisch-verlag.de